GIALLO ALL'ITA
LETTURE GRAD UATE

Le indagini del capit ano Rossett

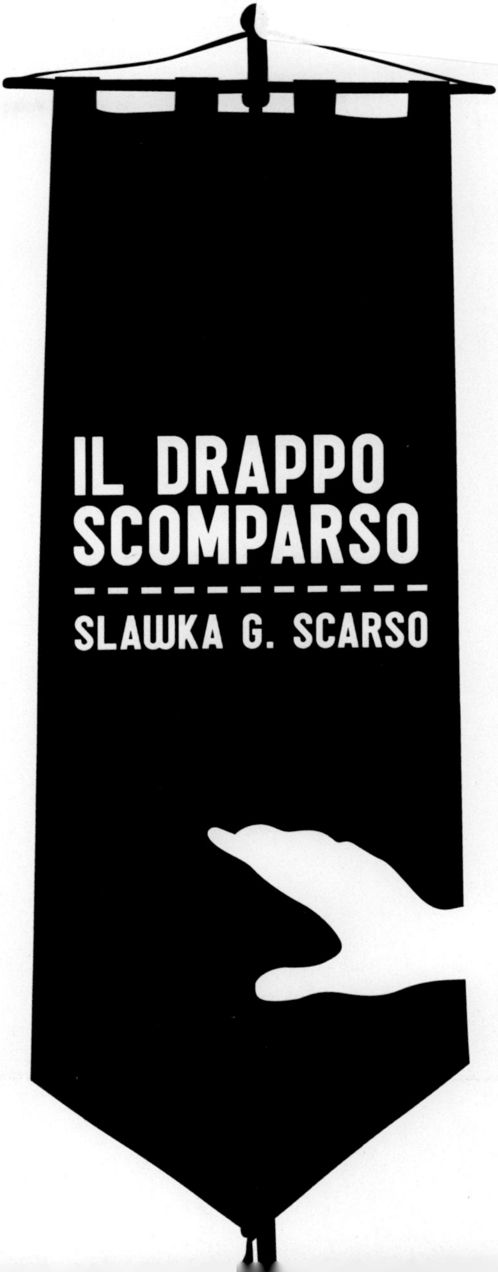

IL DRAPPO SCOMPARSO

SLAWKA G. SCARSO

SLAWKA GIORGIA SCARSO

Metà italiana, metà polacca e un pizzico inglese, Slawka Giorgia Scarso è autrice delle guide di viaggio *Il vino a Roma* (Castelvecchi Editore, 2010) e *Il vino in Italia* (Castelvecchi Editore, 2011) e coautrice del volume *Custodi di identità* (INEA, 2012). Collabora con la rivista di letteratura «Il Colophon». Ha un blog intitolato Nano Pausa, Micro Lettura (www.nanopausa.com). È vincitrice del concorso letterario "Giallo all'italiana", organizzato da Casa delle Lingue in collaborazione con il Circolo Letterario Bel-Ami.

Circolo letterario Bel-Ami 2005 www.bellami.it

Dal 2005, il Circolo Letterario Bel-Ami opera a Roma nei settori della letteratura, del teatro, della pittura e dell'arte in genere, promuovendo e organizzando mostre, seminari, dibattiti, reading, conferenze e concorsi letterari. Insieme a Casa delle Lingue ha indetto il concorso letterario "Giallo all'italiana".

LE INDAGINI DEL CAPITANO ROSSETTI

Il capitano Caterina Rossetti è in servizio presso il Comando Carabinieri Tutela del Patrimonio Culturale. Ha 33 anni, vive e lavora a Roma con il suo cane Ludovico. È fidanzata con Guido, un medico di 36 anni che ha conosciuto durante un'indagine. È un'appassionata di arte medievale, le piace cucinare ed è un'amante della buona tavola. Adora fare lunghe passeggiate per il centro di Roma con Guido e scoprire angolini nascosti. Quando è molto stressata dal lavoro va a correre con il suo cane.

INDICE

ASCOLTA LA LETTURA TEATRALIZZATA
DEL DRAPPO SCOMPARSO SU WWW.CDL-EDIZIONI.COM
(CATALOGO —> LETTURE —> IL DRAPPO SCOMPARSO)

PRIMA DI LEGGERE

1. Cosa ti suggerisce la copertina del libro? Fai delle ipotesi sulla trama.

2. Osserva queste immagini. Di che tipo di manifestazione si tratta secondo te?

3. La storia è ambientata a Siena. Cosa sai di questa città? Cerca informazioni su internet e localizzala sulla cartina dell'Italia.

CAPITOLO 1 SIENA

Il sole di luglio splende sulle campagne del Chianti[1]. Con gli occhi verdi protetti dagli occhiali da sole, il capitano Caterina Rossetti osserva dalla macchina una serie di boschi di querce, vigneti e uliveti. Qui e là c'è qualche casolare[2] con il giardino in perfetto ordine: a prima vista[3] non c'è un filo d'erba fuori posto, neppure un ramoscello di troppo.

"Aspettano una troupe di una rivista di arredamento?" si domanda Caterina.

---

1. Zona collinare tra Firenze, Arezzo e Siena | 2. Casa di campagna | 3. Se si guarda rapidamente

Dai finestrini abbassati entrano l'aria fresca dei boschi e i profumi delle piante in fiore. Una curva dopo l'altra, Caterina si avvicina alla sua destinazione, Siena[4]. Invece di prendere la superstrada, ha preferito quest'altra via con molti tornanti[5]. Vuole godersi[6] il paesaggio, i ritmi della campagna… niente a che fare[7] con la vita caotica di Roma. Di solito è sempre attenta ad arrivare per prima, ma questa volta non ha fretta.

Caterina parcheggia la sua automobile appena fuori Siena, in un piccolo borgo da cartolina, con i muri di pietra e i vasi di fiori alle finestre. Il profumo del sugo arriva da una cucina, insieme al suono di un televisore che trasmette il telegiornale. Caterina prende una cartina e segue le indicazioni mentre percorre[8] i vicoli del borgo. Gira l'ultimo angolo, alza lo sguardo dalla cartina e si trova davanti una giovane donna, anche lei sulla trentina[9], con indosso la divisa dei Carabinieri[10].

"Finalmente sei arrivata! Ma ti sei persa?"

"Lucia, che piacere rivederti! Ho preso la strada lunga…" le risponde Caterina mentre si abbracciano.

"Nessun problema. Lascia pure le tue cose qui, andiamo subito in città. Ho già prenotato un tavolo per noi due. Ci sono molti turisti in questi giorni, è difficile trovare posto senza prenotare..."

***

4. Città della Toscana famosa per il suo patrimonio artistico e per la tradizionale corsa di cavalli, il Palio | 5. Curve strette | 6. Gustare con piacere | 7. Completamente diverso da | 8. Cammina attraverso | 9. Che ha circa trent'anni | 10. Una forza armata italiana

Siena, in effetti, brulica[11] di turisti. Fiumi di persone[12] passeggiano nelle strade della città, fuori dalle trattorie[13] e dai ristoranti ci sono lunghe file. Ovunque, appese ai palazzi, ci sono le bandiere colorate delle varie contrade[14]. Ogni angolo della cittadina è addobbato a festa[15] per celebrare il Palio del 2 luglio[16], dedicato alla Madonna di Provenzano. I turisti stranieri scattano fotografie ad ogni passo[17] e, qui e là, s'intravede[18] qualche personaggio locale con indosso un costume d'epoca[19]. Caterina e Lucia entrano in una piccola enoteca[20] nascosta, lontano dalla massa dei turisti. Gli scaffali sono pieni di bottiglie di Chianti, Brunello, Montepulciano e Vernaccia di San Gimignano[21]. In un piccolo spazio c'è tutto il meglio della produzione toscana. Vista l'ora, è soprattutto il bancone dei salumi e dei formaggi che attira Caterina e Lucia: pecorini, prosciutti, salsicce di cinghiale dall'aspetto invitante. Dietro al bancone c'è un signore sorridente con la pancia bella tonda. Probabilmente ha selezionato di persona tutti quei prodotti.

"Buongiorno Lamberto, vorremmo un tagliere di salumi e formaggi. E magari anche qualche bruschetta."

"Certo, Capitano. Volete anche del vino?"

"Per me no, grazie. Oggi sono in servizio[22]", risponde Lucia. Poi

---

11. È piena di | **12.** Molte persone che si muovono e sembrano un fiume | **13.** Ristoranti più semplici, con piatti tipici | **14.** I quartieri in cui è divisa la città. A Siena ci sono 17 contrade, che gareggiano tra loro nel Palio | **15.** Decorato per la festa | **16.** La tradizionale corsa di cavalli | **17.** Continuamente, mentre camminano | **18.** Si vede di sfuggita in mezzo ad altre cose | **19.** Tradizionale e antico | **20.** Locale specializzato nella degustazione di vini e prodotti locali | **21.** Vini tipici toscani. Il Chianti, il Brunello e il Montepulciano sono rossi; la Vernaccia di San Gimignano è bianca | **22.** Oggi lavoro si gira verso l'amica e le dice: "Caterina, vuoi assaggiare del vino? Non fare complimenti[23], qui sei in vacanza!"

"Solo un bicchiere. Non mi piace bere a pranzo."

"Va bene. Poi brindiamo insieme stasera, dopo il Palio."

Caterina e Lucia si siedono a un tavolo vicino alla finestra.

"Allora, Caterina, raccontami un po' di questo tuo nuovo incarico [24]. Quando ho letto la circolare[25] sono rimasta a bocca aperta[26]."

"Già, ti ricordi il Maresciallo Umberti, in accademia[27]? - Cosa vuole fare, Lei? Occuparsi del patrimonio artistico? Qui tutti sognano ad occhi aperti[28]! E poi finiscono in qualche stazione di paese, in mezzo al niente[29]!"

"Ma tu hai realizzato il tuo sogno, l'ho sempre saputo! Chi meglio di te? Hai anche una laurea in storia dell'arte..."

"Tu, piuttosto, come ti trovi a Siena?"

"Meglio, dai. I primi tempi sono stati duri[30]. La città è piccola e un po' chiusa. Fai fatica a inserirti[31]. Infatti abito in un borgo qui vicino. Però poi la gente ha visto che lavoro bene e ora mi rispetta. Tutto è diventato più facile."

"Da non crederci[32]..." borbotta[33] il signor Lamberto mentre porta alle due amiche un tagliere pieno di salumi e formaggi. "Da non crederci..."

"Cosa è successo?" domanda Lucia.

---

23. Non ti fare problemi | **24.** Ruolo nell'ambito lavorativo | **25.** Un documento per comunicare o dare istruzioni sul lavoro | **26.** Molto stupita, senza parole | **27.** La scuola per i Carabinieri | **28.** Sognano cose molto lontane dalla realtà | **29.** Un luogo isolato e lontano da tutto | **30.** Difficili | **31.** Conoscere le persone, fare amicizia | **32.** Incredibile! | **33.** Parlare a bassa voce per protestare

Il proprietario dell'enoteca si volta e indica un televisore che si trova su una mensola in alto, dietro al bancone.

"Sono di nuovo gli animalisti[34]! Vogliono rovinare la festa a tutti i costi[35]!" Poi prende il telecomando e alza il volume. Le immagini mostrano alcune persone che protestano con striscioni[36] con le scritte "Salvate i cavalli", "Basta Palio!", "Più diritti ai cavalli". Il giornalista fa alcune domande a uno dei manifestanti:

"Signor Angelini, Lei rappresenta i manifestanti. Cosa chiedete con questa protesta?"

"Vogliamo proteggere i diritti degli animali. Queste manifestazioni sono intollerabili[37]. Ogni anno i cavalli si feriscono[38] e a volte muoiono. E non solo qui a Siena, ma nelle sagre[39] di tutto il paese. Non è una tradizione, è una strage bella e buona[40]. Ma deve finire. Abbiamo già contattato il Ministro per il Turismo e le autorità competenti. Abbiamo anche consegnato un documento che spiega i rischi per gli animali. Siamo disposti a tutto[41] per essere finalmente ascoltati."

"Ha un tono minaccioso" commenta l'intervistatore.

"Ripeto: siamo disposti a tutto. Basta Palio, più diritti ai cavalli!"

"Qui da Siena è tutto[42]" chiude il giornalista, "linea allo studio."

"Questi animalisti sono tutti matti" insiste[43] Lamberto. "Sono disposti anche ad ammazzare una persona, per salvare un animale..."

"Non esageriamo, su!" risponde Lucia.

---

34. Gruppo di persone che vuole proteggere gli animali | 35. A qualsiasi condizione, senza pensare alle conseguenze | 36. Lunghi cartelli | 37. Che non si possono accettare | 38. Si fanno male | 39. Feste di paese | 40. Vera, autentica | 41. Fare tutto quello che è necessario | 42. Abbiamo finito | 43. Ripete nuovamente

"Ma non si rendono conto[44] dell'importanza di questa tradizione? Vengono persone da tutto il mondo: dal Giappone, dagli Stati Uniti, dalla Germania e dalla Russia. Questo evento è fondamentale per l'economia di tutta la città. Non solo per le due gare estive… la magia del Palio attira turisti anche nel resto dell'anno. E invece loro protestano, tirano pomodori e uova ai politici, creano scompiglio[45]… e noi facciamo una brutta figura[46]! Ma ora, scusate, continuate pure, altrimenti rischiate di perdere il corteo storico…"

44. Capiscono | 45. Fanno confusione | 46. Ci presentano male

CAPITOLO 2 IL PALIO

Piazza del Campo[1] è affollatissima, ci sono decine di migliaia di persone in mezzo alla piazza. Gli spettatori[2] battono le mani e cantano. Molti sono arrivati con grande anticipo[3] per occupare i posti gratis in mezzo alla piazza. Si proteggono dal sole con ombrelli o cappellini, e bevono l'acqua che hanno portato da casa. Intorno, le transenne[4] delimitano[5] il percorso della gara. I palchi[6] per le autorità e il pubblico che ha pagato il biglietto si trovano vicino ai palazzi.

1. La piazza principale di Siena, dove si corre il Palio | 2. Il pubblico | 3. Molto prima | 4. Barriere | 5. Segnano il limite | 6. Costruzione di legno rialzata da terra

"Mi sento in colpa[7] a stare così comoda" dice Caterina mentre salgono su una delle tribune[8]. Attorno a loro ci sono gli assessori[9] e il sindaco[10]. Poco più in là, Caterina ha riconosciuto anche un ministro.

"Se vuoi ti faccio pagare il biglietto" scherza l'amica. "Quelli che abitano nei palazzi affacciati[11] sulla piazza fanno così con i turisti", e indica una coppia di turisti, evidentemente stranieri, che saluta il pubblico da una finestra di un palazzo dietro di loro.

Lucia presenta all'amica alcune persone poi, improvvisamente, un uomo spinge[12] Caterina.

"Permesso! Permesso!" dice mentre spinge tutti per passare.

"E questo chi è?" domanda Caterina all'amica. L'uomo indossa un completo[13] di lino color crema. Ha un cappello con la fascia marrone, occhiali da sole stile anni Settanta e porta un foulard dai colori accesi, viola, verde e azzurro.

"È l'artista che ha disegnato il Palio[14]."

"Ah. E come si chiama?"

"Alfredo Monaci. Probabilmente non lo conosci. Per il Palio della Madonna di Provenzano scelgono sempre un artista senese[15]."

Nella confusione della folla si sentono applausi e il suono dei tamburi che si avvicinano. La campana sulla Torre del Mangia[16] suona e il corteo storico entra finalmente in piazza del Campo.

---

7. Mi dispiace | **8.** Una parte del palco | **9.** Politici che governano e amministrano la città | **10.** La figura politica più importante della città | **11.** Che hanno le finestre sulla piazza | **12.** Premere con forza per spostare | **13.** Abito da uomo composto da giacca e pantaloni dello stesso colore e materiale | **14.** Il premio per il vincitore: un rettangolo di stoffa dipinta a mano | **15.** Di Siena | **16.** Un'antica torre che si trova in piazza del Campo

Gli alfieri[17], sparsi per la piazza, lanciano in aria le loro bandiere che ruotano[18]come per magia. Il corteo cammina mentre la musica suona e infine si vede il carroccio[19] su cui si trova il drappo[20] di seta: il premio per la contrada che vincerà. Il corteo gira intorno alla piazza, i partecipanti mettono il Palio sul palco dei giudici e gli alfieri fanno l'ultima sbandierata[21] mentre i tamburi smettono[22] di suonare.

A quel punto entrano in scena i cavalli. La folla innervosisce[23] gli animali, che non vogliono entrare nella zona di partenza. I fantini[24] fanno uscire tutti i cavalli, li allontanano un po' e poi riprovano a farli entrare. A volte l'attesa[25] è molto lunga. Stavolta ci sono quasi riusciti, manca solo il cavallo della Civetta: mentre la gente è sempre più eccitata[26], il fantino prova una prima volta, ma non riesce. Ma al secondo tentativo[27] il cavallo entra nella zona di partenza e inizia la gara. I cavalli corrono, la contrada dell'Oca è subito in testa[28]. Tutti i fantini spronano[29] i loro animali, passano velocemente davanti alla tribuna dove si trovano Lucia e Caterina. Al giro dopo, c'è un cavallo che corre senza fantino. In curva, il cavallo della contrada dell'Oca va addosso a quello del Leocorno, ed entrambi restano indietro. Mentre la gente grida sempre di più, passa avanti la Pantera e vince. Tutti applaudono, anche i perdenti[30].

17. Le persone che portano le bandiere | **18.** Girano | **19.** Il carro tirato da buoi che porta il Palio | **20.** Il Palio | **21.** Sventolare e muovere le bandiere | **22.** Finiscono | **23.** Rende nervosi | **24.** La persona che cavalca il cavallo | **25.** Il tempo che bisogna aspettare | **26.** Emozionata | **27.** Prova | **28.** Davanti agli altri, in vantaggio | **29.** Colpiscono leggermente i cavalli per farli correre più velocemente | **30.** Quelli che hanno perso

CAPITOLO 3 IL PALIO SCOMPARE

La sera tutte le contrade sono in festa. Tutti mangiano in abbondanza[1] e brindano felici con bicchieri di buon Chianti. Piatti con pasta fumante[2], bruschette, salsicce e bistecche passano di mano in mano[3]. Ci sono lunghi tavoli nelle piazzette e lungo le strade. Alcuni cantano in coro[4], alcuni ridono e battono le mani. Caterina e Lucia vanno nella contrada della Pantera. Sono curiose, si uniscono ai turisti che partecipano alla festa e si siedono a uno dei lunghi tavoli. Accanto

---

1. Molto | 2. Che fuma perché è molto calda | 3. Passano da una persona all'altra | 4. Cantano tutti insieme

a loro c'è un vecchio calzolaio[5]; spiega che la sua famiglia ripara le scarpe di tutta la contrada da molti anni.

"La contrada dell'Aquila è molto delusa[6]" dice il calzolaio.

"Probabilmente tutti i perdenti sono delusi" commenta Caterina.

"Ma la contrada dell'Aquila molto di più perché è la nostra contrada rivale[7]. E non vince un Palio da molto tempo. Anche quest'anno... un cavallo fuoriclasse[8], un ottimo fantino... eppure non hanno vinto. Chissà quanti soldi hanno perso nelle scommesse[9] ..."

"Ma le scommesse sul Palio di Siena sono illegali[10]!" esclama Lucia con gli occhi ben aperti.

"Beh, la gente scommette lo stesso."

Il vecchio calzolaio beve un sorso di vino, vuole aggiungere altri dettagli[11], ma si sente gente che urla in fondo alla strada.

"Sarà scoppiata una rissa[12]" pensa Caterina, e si alza per vedere meglio: c'è una folla di gente davanti alla chiesa della contrada, dove si trova il Palio. Una quindicina[13] di persone discute[14] e grida, poi si sente:

"Hanno rubato il Palio!" grida un ragazzo. "Il Palio è scomparso dalla chiesa!"

Caterina e Lucia si avvicinano. Lucia si presenta e mostra il tesserino[15]. Insieme entrano nella chiesa: il Palio è davvero scomparso, è rimasta solo l'asta[16] bianca e nera che lo regge. Don Anselmo, il parroco[17], cammina avanti e indietro con le mani nei capelli.

5. Una persona che ripara o fa scarpe per mestiere | **6.** Triste perché non ha vinto | **7.** Nemica, che gareggia direttamente con noi | **8.** Molto più bravo degli altri | **9.** Giocare dei soldi sul risultato di una gara | **10.** Proibite dalla legge | **11.** Altre informazioni | **12.** Un litigio violento e rumoroso tra varie persone | **13.** Circa quindici | **14.** Parla e si scambia opinioni animatamente | **15.** Documento di riconoscimento delle forze dell'ordine | **16.** Palo lungo e sottile | **17.** Prete che si occupa di una chiesa

"Non è possibile... Non è possibile..." ripete e sospira.

Lucia chiama altri carabinieri, che arrivano subito. Ne manda alcuni a controllare la zona, altri restano in chiesa per prendere le impronte[18] e raccogliere le prove[19]. Intanto Lucia si siede su un banco con Don Anselmo, e Caterina si unisce a loro.

"Don Anselmo, cosa è successo?"

"Mi piacciono la tranquillità e il silenzio, perciò spesso sto qui in chiesa. Anche stasera... soprattutto con il chiasso[20] che c'è fuori... Poi, però, è arrivato un chierichetto[21] che mi ha invitato a mangiare un piatto di pasta fuori, così sono uscito. Ho lasciato la porta della chiesa aperta, per far vedere il Palio alla gente. Sono rimasto fuori venti minuti, o poco più. Quando sono tornato, ho visto la porta della chiesa accostata[22] e mi sono subito insospettito[23]: infatti il Palio non c'è più, c'è solo l'asta. Non è mai successa una cosa del genere, che disastro!"

"Capitano, abbiamo controllato la sacrestia[24] ma è tutto chiuso. Il ladro di sicuro è uscito dalla porta principale della chiesa. Però abbiamo trovato questi" dice uno dei carabinieri, e mostra alcuni fili di seta colorata.

"Va bene, voi continuate qui, noi intanto andiamo in caserma[25]..."

"Capitano! Capitano! In mezzo alla folla abbiamo fermato due ragazzi della contrada dell'Aquila. Sembrano sospetti[26]."

"Si faccia dare i nomi e li porti subito in caserma."

18. I segni che lasciano le dita delle mani | **19.** Gli elementi che servono per le indagini | **20.** Confusione rumorosa | **21.** Il ragazzo che aiuta il prete quando dice la messa | **22.** Un po' aperta | **23.** Ho avuto dei sospetti | **24.** La stanza vicino alla chiesa dove il prete si prepara per la messa | **25.** Il luogo dove lavorano i carabinieri | **26.** Che nascondono qualcosa

CAPITOLO 4 I BORSEGGIATORI

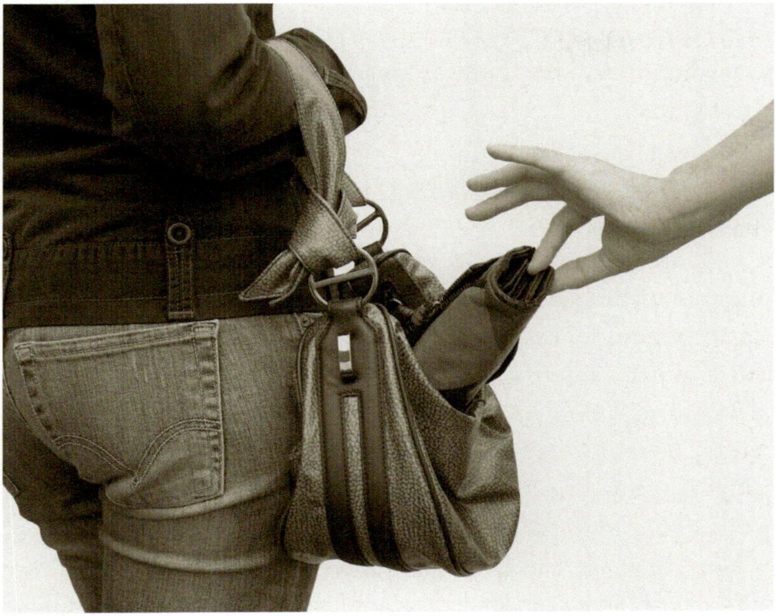

"Sarà una vendetta tra contrade?" domanda Caterina mentre vanno in caserma.

"Mi sembra strano. Le rivalità[1] ci sono, ma questo è troppo... Un furto d'arte[2], piuttosto?"

"Non credo. I ladri di opere d'arte rubano su commissione[3] di un collezionista[4]. Ma questo artista non è abbastanza conosciuto. A chi può interessare? E poi, i ladri fanno attenzione a non rovinare le opere che rubano, e quei fili che abbiamo trovato..."

1. Invidia e risentimento tra persone che vogliono la stessa cosa | 2. Furto di un'opera d'arte | 3. Per richiesta di qualcuno | 4. Una persona che raccoglie e conserva un certo tipo di oggetti, spesso preziosi

"Mmm già... Senti, se sei d'accordo, chiedo ai nostri superiori[5] se puoi indagare[6] con noi. Non è il furto di una grande opera d'arte, ma c'è comunque un grosso interesse per la città, di certo le autorità[7] vogliono risolvere al più presto. Abbiamo bisogno dei migliori investigatori."

"Volentieri."

In caserma ci sono già i due ragazzi sospetti, entrambi sulla ventina[8]. Uno è alto e robusto, con le guance tonde, i capelli a spazzola[9] e gli occhi color nocciola[10]. L'altro è piuttosto basso, ha i capelli lunghi fino alle spalle e si arrotola[11] continuamente una ciocca[12] di capelli su un dito. Lucia e Caterina entrano in una stanza e Caterina comincia l'interrogatorio[13].

"Alcuni testimoni vi hanno visto scappare dalla contrada della Pantera. Perché siete andati lì? E perché siete scappati?"

"Senta... guardi... è stata una coincidenza[14]..." risponde subito quello alto. L'altro sta zitto, gioca ancora con la ciocca di capelli.

"Non credo alle coincidenze" dice seccamente Caterina.

"Ma sì, abbiamo passeggiato e curiosato[15]. Tutto qui. Poi abbiamo saputo del furto[16] e siamo andati a raccontare la notizia ai nostri. Ma non l'abbiamo rubato noi il Palio!"

"Certo, come no! Sai cosa facciamo? Chiediamo un mandato di perquisizione[17] al giudice, così controlliamo casa tua. E mentre

5. I nostri capi | 6. Raccogliere prove e fare ipotesi per risolvere un caso | 7. Il sindaco, gli assessori, i ministri... | 8. Di circa vent'anni | 9. Capelli corti e dritti verso l'alto | 10. Marrone chiaro | 11. Gira | 12. Gruppetto di cose uguali | 13. Serie di domande che gli investigatori fanno ai sospettati | 14. Eventi che si verificano per caso nello stesso momento | 15. Abbiamo guardato intorno con curiosità | 16. Prendere illegalmente qualcosa che appartiene ad altri | 17. Il permesso di entrare e cercare qualcosa in una casa privata

aspettiamo il mandato, tu ti passi una bella nottata qui dentro, insieme a tutti i vandali[18] ubriachi che abbiamo arrestato[19] questa sera..."

Quello alto e robusto ora è nervoso. Ha gli occhi lucidi per le lacrime.

"No, per favore, non l'abbiamo preso noi, il Palio. Dillo anche tu, Lapo, non eravamo lì per quello."

Il ragazzo con i capelli lunghi non dice niente.

"E allora perché siete stati nella contrada della Pantera? Voglio una ragione convincente[20], stavolta."

Arriva un maresciallo.

"Capitano, ecco la ragione" dice, e le passa uno zaino. "L'abbiamo trovato per strada, l'hanno buttato i ragazzi."

Caterina guarda dentro lo zaino e tira fuori uno, due, tre, quattro portafogli diversi. E poi due telefoni cellulari e tre macchine fotografiche.

"E questi di chi sono, tutti vostri?"

"Cosa devo dire..." dice finalmente quello con i capelli lunghi, e alza le braccia "siamo studenti squattrinati[21]... Però... se noi vi aiutiamo nelle indagini, magari Lei aiuta noi con questo problemino da niente[22]. Che ne pensa?"

"Dipende. Prima mi dite cosa sapete, poi decidiamo quanto vale questa informazione."

"Non abbiamo visto nulla, però abbiamo sentito. Oggi pomeriggio, poco dopo il Palio. Abbiamo lavorato tanto tutto il giorno, così ci siamo fermati in un vicolo per riposarci e improvvisamente abbiamo sentito la voce di un uomo che ha detto - Va bene. Conosco

18. Persone che distruggono o rovinano qualcosa per divertimento | **19.** Messo in prigione | **20.** Che convince, che sembra vera | **21.** Senza soldi | **22.** Poco importante (ironico)

quella chiesa, è poco frequentata[23]. E da domani... su tutti i giornali! - Sul momento non ci abbiamo fatto caso[24], abbiamo pensato a un prete... Però poi hanno rubato il Palio e abbiamo capito."

"Non avete visto l'uomo?"

"No, quel vicolo è scuro anche di giorno. E poi c'è un cortile, la voce è venuta da lì."

"E l'accento[25]? Di Siena?"

"Sì, sono sicuro. Accento di Siena."

"Ve bene, vi ringrazio."

"Quindi possiamo andare?"

"Dovete fare almeno un po' di servizi sociali[26], no? Però metto una buona parola[27]."

23. Ci sono poche persone | 24. Non lo abbiamo notato | 25. Modo di pronunciare una lingua | 26. Lavori utili alla società | 27. Parlo bene di voi (al giudice)

CAPITOLO 5 LA PISTA ANIMALISTA

Il giorno dopo a pranzo Lucia e Caterina tornano all'enoteca del signor Lamberto.

"Secondo te c'è un collegamento[1] tra l'uomo nel vicolo e il furto?" chiede Lucia all'amica.

"Forse. Ma è davvero troppo poco. Cerchiamo di capire chi può avere interesse a rubare un palio…"

"Lo so io: gli animalisti! Sono disposti a tutto per danneggiare[2] il Palio" risponde Lamberto. Poi dà loro due piatti con la panzanella.

1. Qualcosa che unisce | 2. Fare danno, rovinare

"Pomodori del mio orto, basilico, olio e olive prodotti da noi. Solo il pane non l'ho fatto io. È o non è la più buona panzanella che avete mai assaggiato?"

A bocca piena, Lucia e Caterina sorridono con gli occhi. È davvero deliziosa.

Mentre prendono il caffè, la porta della vineria si spalanca[3]. Tutti si girano. È un maresciallo. Si accorge che tutti lo guardano e si blocca[4] come sull'attenti[5]. Poi corre da Lucia e Caterina. "Alcune impronte che abbiamo trovato nella chiesa sono già nei nostri archivi[6]" dice a bassa voce.

"Andiamo!" dice Lucia. In quel momento, la televisione dell'enoteca mostra le immagini di piazza del Campo. Lamberto alza subito il volume. Le immagini mostrano l'artista, sempre con indosso il suo cappello, gli occhiali da sole e la sciarpa di seta.

"È un danno gravissimo. Di sicuro un collezionista ha commissionato il furto. Non c'è altra spiegazione. Ogni grande artista corre questi rischi, ma so che le forze dell'ordine possono risolvere[7] questo grande mistero nel mondo dell'arte."

"Un po' esagerato, no?" dice Caterina mentre escono.

"Gli artisti sono tutti un po' esagerati, se posso esprimere[8] il mio parere" commenta il maresciallo. Poi continua: "Le impronte sull'asta non sono negli archivi. Ora le confrontiamo con le impronte delle persone che hanno portato l'asta durante il Palio. Poi bisogna verificare i loro alibi[9]. Invece, sul banco vicino all'asta, abbiamo

3. Si apre completamente con forza | 4. Si ferma improvvisamente | 5. La posizione dei militari con la schiena dritta, la testa alta e le braccia lungo i fianchi | 6. Dove si conservano dati e informazioni | 7. Riuscire a capire | 8. Dire, manifestare | 9. Prova che una persona non ha commesso un reato perché era in un altro posto

trovato molte impronte. Sono di una persona che conosciamo..."

Di nuovo in caserma, Caterina e Lucia chiamano il sospettato e lo portano nella stanza degli interrogatori.

Lucia prende il documento che ha preparato il maresciallo.

"Vediamo... signor Angelini, Lei ha precedenti[10] per oltraggio a pubblico ufficiale[11], atti vandalici[12], scasso[13]... Adesso anche furto?"

"Io non ho rubato nulla", risponde l'uomo. "Noi vogliamo proteggere gli animali, non siamo ladri."

"E allora può spiegare perché abbiamo trovato le sue impronte sul banco della chiesa, proprio davanti al Palio?"

"Una coincidenza" risponde Angelini. Poi sbuffa e incrocia le braccia.

"A quanto pare Siena è la capitale delle coincidenze" dice Caterina.

"Potete perquisire[14] casa mia, e quella di tutti gli animalisti che lavorano con me. Non abbiamo rubato il Palio. E poi, ho un alibi: una riunione con gli altri animalisti, nella nostra sede[15], ieri sera. Almeno venti persone possono confermare la mia presenza lì."

"E le impronte in chiesa come le spiega?" chiede Lucia.

"Sono stato lì nel pomeriggio. Ho incontrato un informatore[16]. Ha alcune foto che mostrano come vengono maltrattati[17] i cavalli. Ci siamo incontrati nella chiesa perché è un posto tranquillo e insospettabile[18]. E poi, con il caldo di luglio, lì dentro c'è anche un bel fresco."

---

10. Ha già commesso dei reati | **11.** Ha offeso le forze dell'ordine | **12.** Ha danneggiato le cose degli altri | **13.** È entrato dove non ha il permesso di andare | **14.** Cercare con grande attenzione | **15.** Luogo di domicilio di un'organizzazione o istituzione | **16.** Una persona che dà informazioni, spesso segretamente | **17.** Trattati male | **18.** Di cui nessuno sospetta

"E le foto?" domanda Caterina.

"Niente di importante. È stato un buco nell'acqua[19], purtroppo."

"Va bene. Può aspettare qui mentre controlliamo il suo alibi. Poi, se è tutto come dice, può andare."

"Grazie, capitano."

19. È stato inutile, un fallimento

CAPITOLO 6 INTUIZIONE

"Non abbiamo più nessuna pista[1]" dice Lucia nel pomeriggio. "È incredibile..."

"Le impronte digitali[2] sull'asta?"

"Sono le impronte delle persone che hanno toccato l'asta durante il Palio. Ma tutti hanno un alibi. C'è solo un gruppo di impronte che non abbiamo identificato[3]: non sono di quelli che hanno portato l'asta, e non sono nei nostri archivi. Evidentemente il ladro non ha precedenti."

---

1. Tracce per indagare | 2. Le impronte lasciate dalle dita | 3. Non abbiamo scoperto l'identità della persona che le ha lasciate

"Qualcosa ci sfugge[4]... Un furto così, sotto gli occhi di tutti[5], e nessuna traccia? Impossibile! Torniamo alla chiesa. Ci sarà qualche indizio[6] che non abbiamo notato" suggerisce Caterina.

Alla luce del giorno la chiesa è molto più bella. Il sole entra dalle vetrate dipinte e i colori si riflettono sulle pareti. Mentre Lucia controlla se a terra ci sono tracce sfuggite ai colleghi, Caterina osserva con meraviglia tutti quei colori. E le viene un'idea.

"I colori!" esclama[7].

"Quali colori?" domanda Lucia.

"Quei fili di seta che abbiamo trovato ieri, di che colore sono?"

"Viola e azzurro. Perché?"

"Perché il drappo non ha quei colori. C'è l'azzurro, ma il viola proprio no. Perciò quei fili non vengono dal Palio, vengono..."

Lucia aggrotta le sopracciglia[8], poi esclama:

"... dalla sciarpa di Monaci!"

"Esatto! La sciarpa che indossa sempre ha parecchi colori, anche il viola e l'azzurro. E ha anche un movente[9] economico: la notizia è su tutti i giornali, sicuramente vuole farsi pubblicità, così le sue opere hanno più valore! Hai notato com'è contento di comparire in televisione?"

"Ma come possiamo dimostrarlo[10]?" domanda Lucia, "Abbiamo bisogno di prove concrete[11]..."

"Forse ho l'idea giusta. Intanto chiamiamo Monaci in caserma. Ti spiego il mio piano mentre andiamo lì... " risponde Caterina, e sorride soddisfatta[12].

---

4. Non abbiamo notato qualcosa | **5.** Che tutti possono vedere | **6.** Traccia utile per le indagini | **7.** Dice ad alta voce | **8.** Muove le sopracciglia, come quando si pensa | **9.** Il motivo per commettere un reato | **10.** Provare che è vero | **11.** Vere, reali | **12.** Contenta, perché ha trovato una soluzione

***

Quando arrivano, Monaci è già in caserma. Ha chiamato anche i giornalisti per far sapere a tutti che partecipa alle indagini.

"Eccovi!" esclama appena le vede, e si alza dalla sedia nella sala d'attesa[13] per andargli incontro[14].

"Prego, signor Monaci, andiamo in questa stanza" dice Lucia con gentilezza. Monaci entra e Caterina, mentre l'artista non guarda, spegne l'aria condizionata con il telecomando.

"Avete scoperto qualcosa? Quello che è successo è incredibile... Non voglio sembrare presuntuoso[15], ma è una vera tragedia[16] per il mondo dell'arte. Chissà cosa è successo al mio drappo di seta, chissà dov'è... Anzi, se posso aiutarvi in qualsiasi modo..."

"L'abbiamo chiamata proprio per questo" dice Caterina. "Ci può spiegare bene la sua tecnica di pittura?"

"La mia tecnica[17]?"

"Esatto. Vede, probabilmente è stato un furto commissionato da qualche collezionista. Questo tipo di ladri ruba solo se ha già un compratore[18]. Se capiamo meglio la sua tecnica artistica, forse possiamo capire chi è il compratore."

"Ah, certo. Volentieri. Mi piace parlare del mio lavoro" e prende un fazzoletto dal taschino[19].

"Ha caldo? Mi dispiace, l'aria condizionata non funziona..." dice Caterina.

Lucia, che ha capito al volo le intenzioni[20] dell'amica, aggiunge: "Sa, ci sono pochi fondi[21]..."

13. La sala dove si aspetta | 14. Verso di loro | 15. Una persona che crede di essere migliore di quello che realmente è | 16. Un fatto molto grave | 17. Il modo in cui si fa una cosa | 18. Una persona che compra | 19. Piccola tasca della giacca | 20. Ha capito subito quello che vuole fare | 21. Soldi

"Ma certo, capisco" risponde l'artista mentre si asciuga la fronte.

"Un bicchiere d'acqua, magari?" offre Caterina, e aggiunge subito "Per l'acqua i fondi ci sono ancora."

"Volentieri, grazie."

Lucia torna poco dopo con una bottiglia d'acqua e tre bicchieri. Ne versa un po' a tutti. Intanto Monaci parla senza sosta[22] dei colori, dei pennelli e delle sostanze[23] chimiche che usa per dipingere sulla seta.

"Benissimo, ora abbiamo tutte le informazioni" dice Caterina alla fine. "Solo un'ultima domanda. Mi scusi, è solo una formalità[24]: dove è stato e cosa ha fatto la sera del Palio tra le 22.20 e le 22.45?".

"Io? Beh... a casa... a dormire. È stata una giornata emozionante, mi sono stancato molto" risponde Monaci e fissa[25] il bicchiere d'acqua che muove nervosamente tra le mani. Poi riprende coraggio e aggiunge "E oggi è stata una giornata ancora più movimentata[26] ..."

"Già" risponde Caterina, e si alza.

22. Senza fermarsi | 23. Materiali, elementi | 24. Una domanda di routine | 25. Guarda intensamente | 26. Piena di movimento, emozioni, avvenimenti

CAPITOLO 7 IL COLPEVOLE

Il giorno dopo, con il mandato di perquisizione del giudice, Caterina e Lucia vanno a casa di Monaci. Quando bussano l'artista sembra sorpreso. Le invita a prendere un caffè al bar: mentre lavora la casa è sempre a soqquadro[1].

"Non si preoccupi" risponde Caterina, e mostra il mandato.

Non devono neppure cercare: il drappo è in salotto, disteso sul tavolo. Probabilmente per non rovinarlo. Mentre Lucia lo ammanetta[2], il ladro domanda:

"Ma... come avete capito?"

1. Molto in disordine | 2. Gli blocca le mani con le manette

"La sua sciarpa... sono rimasti alcuni fili nella chiesa. Ma abbiamo avuto le prove solo quando abbiamo confrontato le impronte: quelle che ha lasciato sul bicchiere sono identiche a quelle sull'asta. Lei ha consegnato il drappo mesi fa, l'asta è arrivata dopo. Ma allora perché ci sono le sue impronte? L'unica spiegazione possibile..."

***

La luce del pomeriggio riscalda i vicoli del borgo dove abita Lucia. Caterina mette la valigia in macchina, poi chiude lo sportello e si volta per abbracciare l'amica.

"Non ti sei riposata in questa vacanza" dice Lucia. "È volata[3], e a parte il Palio non ti ho fatto vedere niente... Mi sento in colpa."

"Ma che dici! Ho cambiato aria[4], ho conosciuto la gente del luogo e assaggiato le delizie[5] del signor Lamberto... meglio di così[6]!"

---

3. È passata molto velocemente | 4. Sono stata in un posto diverso e nuovo | 5. Cose buonissime da mangiare | 6. È perfetto, non c'è niente di meglio

NOTE CULTURALI

CARABINIERI L'Arma dei Carabinieri è una delle quattro forze armate italiane. I compiti dei Carabinieri sono militari e civili: difendono la patria, partecipano alle operazioni militari in Italia e all'estero, aiutano i cittadini in caso di emergenza. Inoltre, i Carabinieri hanno alcuni reparti specializzati nel settore della salute, dell'ambiente e del patrimonio culturale.
L'uniforme è nera e si compone di giacca, pantaloni con una fascia rossa verticale, camicia bianca e cravatta nera. Il berretto è rigido, con il simbolo dell'Arma: una granata con una fiamma con tredici punte. Il motto dei Carabinieri è "Nei secoli fedele" e il loro simbolo è uno scudo di colore azzurro e rosso, colori che rappresentano la fedeltà e il coraggio.
I Carabinieri godono di grande simpatia in Italia: da un recente sondaggio risultano l'istituzione più amata dagli Italiani. Di sicuro, sono considerati la forza armata più vicina alla gente. Forse anche per questo, negli ultimi anni, sono nate moltissime barzellette su di loro.

Carabinieri che sfilano per la parata del 2 giugno

IL CHIANTI Il Chianti è una zona collinare e montuosa che si trova tra Firenze, Arezzo e Siena. Il paesaggio è unico: colline verdi, boschi, vigneti e oliveti, borghi e castelli medievali. È una zona di grande fascino artistico e naturalistico, e ogni anno attira molti turisti italiani e stranieri. Le possibilità per i turisti sono molte e varie: passeggiare nella natura, ammirare opere d'arte medievale e rinascimentale, assaggiare vini e prodotti tipici locali. Un'altra caratteristica di questa zona, infatti, è la produzione di vino: è qui che si produce uno dei vini italiani più famosi al mondo: il Chianti.

Un tipico paesaggio delle colline del Chianti

LE DELIZIE DELLA TOSCANA In Toscana si producono soprattutto vini rossi come il Chianti (che prende il nome dalla zona collinare tra Arezzo, Firenze e Siena), il Brunello di Montalcino e il Vino Nobile di Montepulciano. Tutti questi vini provengono da uva selezionata e lavorata con tecniche antichissime. Di solito questi vini rossi si abbinano a carni e formaggi. La Vernaccia di San Gimignano, invece, è un vino bianco per aperitivi, primi piatti e pesce. Altri prodotti tipici sono, ad esempio, il pecorino, un formaggio fatto con latte di pecora, le salsicce di cinghiale, dal particolare sapore speziato, il Lardo di Colonnata, un salume con spezie e aromi.

SIENA Siena è una città della Toscana famosa in tutto il mondo per il suo patrimonio storico, artistico e naturalistico. Il suo centro storico, dichiarato Patrimonio dell'Umanità dall'Unesco, è tipicamente medievale, e passeggiare tra le strade e i vicoli è molto piacevole e suggestivo.

Il bellissimo Duomo di Siena

I monumenti principali sono il Duomo, in stile romanico-gotico, il Palazzo Pubblico, sede dell'antico governo della città, e la Torre del Mangia, una delle torri più alte d'Italia. Inoltre, ci sono molti musei che conservano importanti opere d'arte del Trecento italiano.
Siena è famosa anche per la corsa di cavalli detta Palio di Siena, che si corre due volte all'anno in piazza del Campo. I Senesi amano molto questa tradizione, e la passione per il Palio si respira in ogni momento dell'anno.

PIAZZA DEL CAMPO Piazza del Campo è la piazza principale della città di Siena. Costruita nel XIV secolo, ha la forma di una conchiglia. In piazza del Campo si trovano alcuni dei principali monumenti della città: il Palazzo Pubblico, la Torre del Mangia e la Fonte Gaia, una spettacolare fontana in marmo bianco.
La piazza è famosa perché due volte all'anno ospita il Palio di Siena, una corsa di cavalli unica al mondo.

Piazza del Campo vista dall'alto

LA TORRE DEL MANGIA La Torre del Mangia è alta circa 88 metri ed è del XIV secolo. La sua campana principale, detta Campanone, ha un suono particolare perché è leggermente danneggiata e non può essere riparata. Il Campanone suona solo nelle feste più importanti e, naturalmente, all'inizio del Palio. Per questo motivo, i Senesi associano il suono del Campanone a un giorno di festa speciale.

IL PALIO DI SIENA Il Palio di Siena è un'antica corsa di cavalli in cui le contrade della città gareggiano tra loro. Ci sono due Palii: il 2 luglio, in onore della Madonna di Provenzano, e il 16 agosto, in onore della Madonna Assunta. Prima del Palio c'è un corteo storico in cui i rappresentanti delle contrade indossano abiti tradizionali.
La corsa prende il nome dal premio: il Palio, un drappo di stoffa preziosa dipinta da un artista senese. La contrada che vince il premio, di solito, lo regala alla chiesa del quartiere. Per motivi di sicurezza, partecipano solo dieci contrade per volta: sette che non hanno gareggiato nel Palio precedente, e tre che vengono sorteggiate.
Il vincitore è il cavallo, anche senza fantino, che per primo finisce tre giri della piazza. La contrada vincitrice festeggia con feste in strada e banchetti.

LE CONTRADE Le contrade sono i quartieri storici della città di Siena e sono diciassette[1]. Ogni contrada ha i suoi colori, il suo stemma e i suoi abiti tradizionali. Si appartiene a una contrada se si nasce o si abita lì. Le contrade gareggiano tutte fra loro, ma ci sono delle specifiche rivalità, alcune antichissime. Gli abitanti delle contrade, i contradaioli, si preparano ai due Palii per tutto l'anno: scelgono il fantino, fanno alleanze con altre contrade, preparano gli abiti da indossare al corteo storico. Ogni Senese è fiero della sua contrada e segue il Palio con grande passione: per questo a Siena l'atmosfera del Palio si sente in ogni periodo dell'anno.

Una targa della contrada della Pantera

1. Le contrade sono: Aquila, Bruco, Chiocciola, Civetta, Drago, Giraffa, Istrice, Leocorno, Lupa, Nicchio, Oca, Onda, Pantera, Selva, Tartuca, Torre, Valdimontone

ATTIVITÀ

CAPITOLO 1 SIENA

1. Indica se le seguenti affermazioni sono vere o false.

1. Caterina è un capitano dei Carabinieri e va a Siena a trovare un'amica. V ☐ F ☐
2. Lucia invita Caterina a pranzare a casa sua. V ☐ F ☐
3. Siena è particolarmente affollata perché è estate. V ☐ F ☐
4. Il maresciallo Umberti si occupa del patrimonio artistico. V ☐ F ☐
5. Lucia si trova bene a Siena, anche se i primi tempi sono stati duri. V ☐ F ☐
6. Gli animalisti protestano perché il Palio è pericoloso per i cavalli. V ☐ F ☐
7. Secondo il signor Lamberto, gli animalisti hanno ragione. V ☐ F ☐

2. Scegli ☑ l'opzione corretta.

1. Caterina ha preso la strada lunga perché:

a. le piace guidare sulle strade con i tornanti. ☐
b. da Roma a Siena non c'è la superstrada. ☐
c. vuole godersi il paesaggio. ☐

2. Lucia è:
a. una collega e amica di Caterina. ☐
b. un carabiniere di Roma. ☐
c. un'amica che Caterina incontra per caso. ☐

3. Caterina e Lucia ordinano:
a. salumi, formaggi e una bottiglia di vino. ☐
b. salumi, formaggi, bruschette e un bicchiere di vino. ☐
c. un bicchiere di vino e qualche bruschetta. ☐

4. Gli animalisti protestano perché:
a. durante il Palio i cavalli si feriscono e muoiono. ☐
b. il Palio non è una tradizione di Siena. ☐
c. durante il Palio i cavalli si feriscono, anche se non muoiono mai. ☐

3. Completa queste frasi con l'espressione giusta.

a prima vista | niente a che fare con | ad ogni passo

non fare complimenti | a bocca aperta

da non crederci | a tutti i costi | bella e buona

1. Sandro ha viaggiato moltissimo, e spesso racconta dei suoi viaggi. Alcuni racconti sono così incredibili che ci lasciano tutti ....

2. Vuoi un'altra fetta di torta? So che ti piace tanto, ...!

3. Sai cosa ha fatto Marco? Proprio lui che ama tanto la vita

di città, ha lasciato il lavoro e si è trasferito in campagna ....!

4. Per prepararsi all'esame, mio fratello studia moltissimo e non esce mai. È disposto anche a rinunciare alle vacanze. Questo esame è molto importante per lui, vuole passarlo ....

5. Ricordi il mio vecchio computer? Era lentissimo e la batteria si scaricava subito. Ora ne ho uno nuovo che invece funziona benissimo: .... quello vecchio!

6. Siamo stati a Siena solo per un'ora e quindi abbiamo visitato solo la zona vicino alla fermata del pullman, ma .... sembra una bella città.

7. Giulio ha perso il lavoro senza motivo, solo perché non era simpatico al direttore. È un'ingiustizia ....!

8. Abbiamo fatto una passeggiata in centro, c'erano delle vetrine così belle che ci siamo fermati .... per guardarle.

4. I turisti vanno a Siena per vedere il Palio, ma anche per ammirare la città. Cosa ti piace fare quando visiti una città nuova?

CAPITOLO 2 IL PALIO

1. Indica se le seguenti affermazioni sono vere o false.

1. I cavalli corrono in un campo vicino Siena. V☐ F☐
2. Alcuni spettatori arrivano molto prima. V☐ F☐
3. I posti al centro sono a pagamento. V☐ F☐
4. Alfredo Monaci è il sindaco della città. V☐ F☐
5. Il Palio è un dipinto su seta. V☐ F☐
6. Prima del Palio, la folla è silenziosa. V☐ F☐
7. "Palio" è il nome della gara e anche del premio. V☐ F☐
8. Gli alfieri suonano mentre il corteo cammina. V☐ F☐
9. Il cavallo della Pantera entra per ultimo nella zona di partenza. V☐ F☐
10. La contrada dell'Oca è subito in testa e vince. V☐ F☐

2. Rispondi alle seguenti domande. Aiutati con le informazioni che trovi nella lettura e su internet.

1. Quando è nato il Palio di Siena?

   ....

2. Chi ha vinto l'ultimo Palio della Madonna di Provenzano?

   ....

3. Quante sono, in tutto, le contrade?

   ....

4. Un cavallo arriva al traguardo per primo, ma senza fantino. Può vincere?

....

5. Quando si corre il Palio dell'Assunta?

....

3. Collega gli elementi delle due colonne per formare delle frasi. Poi mettile nell'ordine corretto.

Il Palio	*passa avanti e vince.*
Gli alfieri	*entrano.*
L'Oca	*viene messo sul banco dei giudici.*
Mentre aspettano, gli spettatori	*va addosso al Leocorno.*
La Pantera	*lanciano in aria le bandiere.*
Dopo alcune prove,	*battono le mani e cantano.*
La campana della Torre del Mangia	*la gara inizia.*
Il corteo storico e il carroccio	*suona.*

....

....

....

....

4. Il Palio di Siena è un evento che richiama moltissimi turisti. C'è un evento così popolare nel tuo Paese? Prova a descriverlo.

CAPITOLO 3 IL PALIO SCOMPARE

1. Indica ☑ qual è il riassunto corretto del capitolo 3.

☐ 1. Quando sentono che il drappo è sparito, Lucia e Caterina vanno in chiesa e interrogano il parroco. Don Anselmo ha visto due ragazzi dell'Aquila che sembrano sospetti. I carabinieri li fermano mentre cercano di scappare e li portano in caserma.

☐ 2. Mentre Lucia e Caterina sono nella contrada della Pantera, arriva la notizia che il drappo è sparito dalla chiesa. Don Anselmo, il parroco, non ha visto nulla. I carabinieri trovano un indizio, dei fili colorati, e fermano due ragazzi che sembrano sospetti.

2. Indica se le seguenti affermazioni sono vere o false.

1. La contrada dell'Aquila è rivale della Pantera. V ☐ F ☐
2. La gente non scommette sul Palio perché è illegale. V ☐ F ☐
3. Il Palio e l'asta sono scomparsi dalla chiesa. V ☐ F ☐
4. Lucia interroga Don Anselmo, mentre Caterina raccoglie le prove. V ☐ F ☐
5. Don Anselmo non ha chiuso la porta della chiesa. V ☐ F ☐
6. Il ladro è sicuramente uscito dalla porta principale. V ☐ F ☐
7. I carabinieri non hanno trovato niente. V ☐ F ☐
8. Lucia e Caterina restano in chiesa e gli altri carabinieri vanno in caserma. V ☐ F ☐

3. Completa il seguente testo.

mani | silenzio | sospettati | prove | stare | tesserino | cantano | bicchieri

Alla festa, le persone ridono, battono le ....
e .... in coro: fanno un gran chiasso. Tutti mangiano in abbondanza e brindano con ....
di vino. Il parroco ama stare in chiesa perché lì c'è ....,
e lui vuole .... tranquillo.

I carabinieri mostrano il ...., controllano la zona, prendono le impronte e raccolgono le ....
Poi fermano i .... e li portano in caserma.

4. Indica quale aggettivo è più adatto per ogni frase. Attenzione, ci sono due aggettivi in più.

fuoriclasse | illegali | felici | principale | affollata | curiose | sospetti | delusa

1. A Caterina e Lucia interessa tantissimo vedere la festa.
   Caterina e Lucia sono ....

2. La contrada dell'Aquila non è contenta perché ha perso la gara.
   La contrada dell'Aquila è ....!

3. Il cavallo dell'Aquila è molto più veloce degli altri e vince spesso.
   Il cavallo dell'Aquila è un ....!

4. Le scommesse sul Palio sono proibite dalla legge.
   Le scommesse sul Palio sono ....

5. Il ladro è uscito dalla porta più grande della chiesa.
   Il ladro è uscito dalla porta ....

6. I ragazzi fermati sembrano nascondere qualcosa.
   I ragazzi fermati sembrano ....

CAPITOLO 4 I BORSEGGIATORI

1. Scegli ☑ l'opzione corretta.

1. Caterina:
a. si unisce alle indagini. ☐
b. pensa a un furto d'arte. ☐
c. non vuole indagare. ☐

2. I ragazzi:
a. hanno più o meno la stessa età. ☐
b. si assomigliano molto fisicamente. ☐
c. reagiscono nello stesso modo. ☐

3. All'inizio, i ragazzi:
a. dicono di aver rubato il Palio. ☐
b. dicono di essere ladri. ☐
c. dicono di non sapere niente. ☐

4. Nello zaino dei ragazzi ci sono:
a. oggetti rubati. ☐
b. i loro oggetti. ☐
c. il Palio. ☐

5. I ragazzi raccontano che:
a. hanno visto un uomo entrare nella chiesa. ☐
b. hanno sentito un uomo dare un appuntamento nella chiesa. ☐
c. sanno chi ha rubato il Palio. ☐

6. Alla fine i ragazzi:
a. non pagano nessuna conseguenza. ☐
b. devono passare la notte in caserma. ☐
c. devono fare dei servizi sociali. ☐

2. Collega le seguenti parole alla loro definizione.

rubare	*fermare qualcuno e portarlo in caserma*
testimone	*domande che si fanno ai sospettati*
indagare	*prendere qualcosa illegalmente*
interrogatorio	*cercare prove e fare domande per risolvere un crimine*
arrestare	*persona che ha informazioni su un crimine*
investigatore	*persona che lavora per risolvere un crimine*

3. Completa il rapporto che Lucia scrive ai suoi superiori.

Oggi, 16 Agosto, intorno alle 22.30, ...

....

....

Abbiamo interrogato il parroco, don Anselmo, che dice ....

....

Nella chiesa abbiamo trovato ....

....

....

Abbiamo fermato ....

....

....

I due ragazzi non sono più tra i sospettati perché ....

....

....

I due ragazzi hanno inoltre riferito che ....

....

Al momento, ...

....

CAPITOLO 5 LA PISTA ANIMALISTA

1. Indica ☑ quali delle seguenti informazioni sono vere.

a. Caterina e Lucia pranzano insieme. ☐
b. Secondo il signor Lamberto, i colpevoli sono gli animalisti. ☐
c. L'artista del Palio conosce il colpevole. ☐
d. Non ci sono impronte sull'asta del Palio. ☐
e. Il signor Angelini ha incontrato un informatore in chiesa. ☐
f. Caterina arresta il signor Angelini. ☐

2. La "panzanella" è un piatto estivo della cucina toscana. Scrivi gli ingredienti necessari per prepararlo. Aiutati con il testo e internet.

PANZANELLA

INGREDIENTI:

3. Completa il testo con i seguenti verbi coniugati alla forma corretta dell'indicativo presente.

scomparire | correre | arrestare | trovano | incontrare | collaborare | interrogare

1. I carabinieri .... delle impronte in chiesa.
2. I ragazzi .... alle indagini.
3. I cavalli .... in piazza del Campo.
4. Angelini .... un informatore.
5. Il drappo .... dalla chiesa.
6. Caterina .... Angelini.
7. I carabinieri .... due ragazzi.

4. A che punto sono arrivate le indagini? Per ogni pista, indica i sospettati o i possibili colpevoli.

1. Furto d'arte: ....
2. Rivalità tra contrade: ....
3. Danneggiare il Palio di Siena: ....

CAPITOLO 6 INTUIZIONE

1. Rispondi alle seguenti domande.

1. Perché Lucia e Caterina sono preoccupate?

....

....

....

2. Perché decidono di tornare in chiesa?

....

....

....

3. Che intuizione ha Caterina in chiesa?

....

....

....

4. Che movente può avere Monaci?

....

....

....

2. Indica se le seguenti affermazioni sono vere o false.

1. I carabinieri hanno identificato tutte le impronte sull'asta. V☐ F☐
2. I fili di seta trovati in chiesa sono del Palio. V☐ F☐
3. In chiesa hanno trovato la sciarpa di Monaci. V☐ F☐
4. Secondo Caterina e Lucia il movente di Monaci è farsi pubblicità. V☐ F☐
5. Caterina e Lucia non hanno ancora le prove per arrestare Monaci. V☐ F☐
6. Monaci non vuole partecipare alle indagini. V☐ F☐

3. Completa il testo con i seguenti verbi coniugati alla forma corretta del presente indicativo.

interrogare | venire | sembrare

tornare | avere | osservare

Lucia e Caterina .... in chiesa per trovare altri indizi. Mentre Caterina .... i colori delle vetrate, ... un'intuizione. Secondo Lucia e Caterina i fili trovati in chiesa .... dalla sciarpa di Monaci. In caserma, Caterina e Lucia .... l'artista. Alla fine dell'interrogatorio, Monaci .... piuttosto nervoso.

4. Abbina gli elementi della colonna di destra al loro contrario.

concreto/a	*tranquillamente, con calma*
soddisfatto/a	*tranquillo/a*
presuntuoso/a	*astratto/a*
emozionante	*noioso/a, monotono/a*
nervosamente	*insoddisfatto/a*
movimentato/a	*umile*

5. Secondo te, perché Caterina spegne l'aria condizionata? Prova a fare delle ipotesi.

....

....

....

....

....

....

....

....

CAPITOLO 7 IL COLPEVOLE

1. Indica ☑ quali delle seguenti informazioni sono vere.

a. Lucia e Caterina vanno da Monaci con il giudice. ☐
b. Monaci non si aspetta la visita dei Carabinieri. ☐
c. Monaci dice che casa sua è molto disordinata. ☐
d. Lucia e Caterina trovano il drappo dopo varie ricerche. ☐
e. Secondo Lucia, la vacanza di Caterina è stata bellissima. ☐
f. Caterina è soddisfatta della sua vacanza. ☐

2. Indica ☑ qual è il riassunto corretto delle vicende.

☐ 1. In chiesa, Caterina e Lucia trovano delle impronte e si ricordano dei fili di seta colorati. Durante l'interrogatorio prendono le impronte di Monaci e le confrontano con quelle della chiesa. Le impronte corrispondono, quindi vanno dall'artista con un mandato di perquisizione. Quando arrivano, Monaci è al bar che prende un caffè. Trovano il drappo in casa dell'artista e lo arrestano.

☐ 2. Caterina e Lucia si ricordano dei fili di seta colorati trovati in chiesa e pensano alla sciarpa di Monaci. Con la scusa dell'interrogatorio, prendono le impronte dell'artista e le confrontano con quelle trovate sull'asta. Le impronte corrispondono, quindi vanno da Monaci con un mandato di perquisizione. Quando arrivano, l'artista gli offre un caffè al bar per non farle entrare in casa. Caterina e Lucia entrano lo stesso e trovano il drappo. Arrestano Monaci.

☐ 3. Caterina e Lucia trovano dei fili di seta colorati e si ricordano della sciarpa di Monaci. Con la scusa dell'interrogatorio, prendono le impronte dell'artista e le confrontano con quelle trovate sull'asta. Le impronte corrispondono, quindi vanno da Monaci con un mandato di perquisizione. Quando arrivano, trovano l'artsita che nasconde il drappo in salotto. Arrestano Monaci.

3. Scrivi l'articolo pubblicato il giorno dopo sul *Corriere di Siena*. Racconta brevemente la notizia e come si è risolto il caso.

Corriere di Siena

"IL MISTERO DEL DRAPPO"

SOLUZIONI

CAPITOLO 1 SIENA

1. 1. V
2. F
3. F
4. F
5. V
6. V
7. F

2. 1. c
2. a
3. b
4. a

3. 1. a bocca aperta
2. non fare complimenti
3. da non crederci!
4. a tutti i costi
5. niente a che fare con
6. a prima vista
7. bella e buona
8. ad ogni passo

CAPITOLO 2 IL PALIO

1. 1. F
2. V
3. F

4. F
5. V
6. F
7. V
8. F
9. F
10. F

2. 1. Il Palio di Siena è nato durante il Medioevo, secondo alcune fonti, per festeggiare la vittoria senese nella battaglia di Montaperti (1260) contro i guelfi fiorentini. Secondo altre fonti, invece, il Palio avrebbe origini ancora più antiche.

2. Vincitore del Palio della Madonna di Provenzano (2 luglio 2013): Contrada dell'Oca, con il cavallo Morosita Prima montato dal fantino Giovanni Atzeni, detto "Tittìa".

3. Le contrade sono in tutto diciassette: Aquila, Bruco, Chiocciola, Civetta, Drago, Giraffa, Istrice, Leocorno, Lupa, Nicchio, Oca, Onda, Pantera, Selca, Tartuca, Torre, Valdimontone.

4. Sì, il cavallo vince anche se arriva al traguardo senza fantino (Art.70 del regolamento paliesco: *La vittoria è conseguita dalla Contrada il cui cavallo, data validamente la mossa, dopo aver compiuti tre giri della pista, giunga, anche scavezzato, per primo al bandierino di traguardo posto dinanzi al Palco dei Giudici, e ciò ancorché il Fantino, durante la corsa, fosse caduto).*

5. Il Palio dell'Assunta si corre il 16 agosto, il giorno successivo alla festa della Madonna Assunta (Ferragosto).

3. 1. Mentre aspettano, gli spettatori battono le mani e cantano.
2. La campana della Torre del Mangia suona.
3. Il corteo storico e il carroccio entrano.

4. Gli alfieri lanciano in aria le bandiere.
5. Il Palio viene messo sul banco dei giudici.
6. Dopo alcune prove, la gara inizia.
7. L'Oca va addosso al Leocorno.
8. La Pantera passa avanti e vince.

CAPITOLO 3 IL PALIO SCOMPARE

1. Riassunto 2.

2. 1. V
2. F
3. F
4. F
5. V
6. V
7. F
8. F

3. mani / cantano / bicchieri / silenzio / stare / tesserino / prove / sospettati

4. 1. curiose
2. delusa
3. fuoriclasse
4. illegali
5. principale
6. sospetti

CAPITOLO 4 I BORSEGGIATORI

1. 1. a
   2. a
   3. c
   4. a
   5. b
   6. c

2. **Rubare:** prendere qualcosa illegalmente.
   Testimone: persona che ha informazioni su un crimine.
   Indagare: cercare prove e fare domande per risolvere un crimine.
   Interrogatorio: domande che si fanno ai sospettati.
   Arrestare: fermare qualcuno e portarlo in caserma.
   Investigatore: persona che lavora per risolvere un crimine.

CAPITOLO 5 LA PISTA ANIMALISTA

1. a / b / e

2. Pane toscano raffermo, aceto di vino, olio extravergine di oliva, pomodori rossi, cipolla rossa, cetriolo, basilico, sale, pepe.

3. 1. trovano
   2. collaborano
   3. corrono
   4. incontra
   5. scompare
   6. interroga
   7. arrestano

4. 1. Collezionista di opere d'arte.
2. La contrada della Pantera / altre contrade rivali.
3. Animalisti

CAPITOLO 6 INTUIZIONE

1. Risposte possibili:

1. Lucia e Caterina sono preoccupate perché non hanno nessuna pista.

2. Lucia e Caterina tornano in chiesa per vedere se c'è qualche prova sfuggita alla prima analisi.

3. Osservando i colori delle vetrate, Caterina ripensa ai colori del drappo, e capisce che i fili trovati in chiesa non provengono dal Palio, ma dalla sciarpa di Monaci. Quindi prepara un piano per dimostrare che lui è il colpevole.

4. Il furto del Palio fa molta pubblicità a Monaci e probabilmente le sue opere avranno più valore.

2. 1. F
2. F
3. F
4. V
5. V
6. F

3. tornano / osservano / ha / vengono / interrogano / sembra

4. 1. concreto/a - astratto/a
2. soddisfatto/a - insoddisfatto/a
3. presuntuoso/a – umile

4. Emozionante – noioso/a, monotono/a
5. Nervosamente – tranquillamente, con calma
6. Movimentato/a – tranquillo/a

CAPITOLO 7 IL COLPEVOLE

1. b / c / f

2. Riassunto 2.

GIALLO ALL'ITALIANA
IL DRAPPO SCOMPARSO

Autore
Slawka Giorgia Scarso

Direttore editoriale
Eduard Sancho

Coordinamento editoriale
Ludovica Colussi

Revisione didattica
Ludovica Colussi

Redazione
Fidelia Sollazzo, Ludovica Colussi

Attività
Fidelia Sollazzo

Progetto grafico della collana
La japonesa

Impaginazione e progetto grafico
La japonesa

Registrazioni
Blind Records

Locutore
Ludovica Colussi

© Fotografie
Copertina: La Japonesa; p. 2 Logo Circolo Letterario Bel-Ami, Slawka Scarso; p. 6 M. Rohana / Dreamstime; p. 7 il-fede / Fotolia; p. 13 Gilda / Wikimedia; p. 16 Daniele Marcucci / Wikimedia; p. 19 spinetta / Fotolia; p. 23 PACMA / Flickr; p. 27 Mivr / Fotolia; p. 31 burnel11 / Fotolia; p. 33 Jollyroger / Wikimedia; p. 34 Querciabella / Wikimedia; p. 35 Stefan Bauer / Wikimedia; p. 36 Felicity-Phillip / Wikimedia; p. 38 Jastrow / Wikimedia.

N. B.: tutte le fotografie provenienti da www.flickr.com, Wikipedia e Wikimedia Commons sono soggette alla licenza Creative Commons (2.0 e 3.0).

ISBN
978-84-16057-01-6

Deposito legale
B 4768-2014

Stampato in UE

Ristampa: Ristampa: luglio 2020

EDIZIONI C casa delle lingue

MISTO
Carta da fonti gestite in maniera responsabile
FSC™ C134275
FSC www.fsc.org